AF607161

OXFORD CIRCUS

GERARDO RODRÍGUEZ SALAS

OXFORD CIRCUS

III Premio de Poesía Marpoética

VISOR LIBROS

VOLUMEN MCCLXXXVII DE LA COLECCIÓN VISOR DE POESÍA

Un jurado compuesto por Olvido García Valdés, Jesús García Sánchez, Julieta Valero, Antonio Lucas, Javier Vicedo y Carmen Díaz, presidido por Antonio Colinas, concedió a este libro el III Premio Internacional de Poesía Marpoética, convocado por el Ayuntamiento de Marbella.

Isaac Peral, 18 - 28015 Madrid
www.visor-libros.com

ISBN: 979-13-87745-87-5
Depósito Legal: M-23801-2025

Impreso en España - Printed in Spain
Gráficas Muriel. C/ Investigación, n.º 9. P. I. Los Olivos - 28906 Getafe (Madrid)

A Fernando

Yo soy el monstruo que os habla.

Paul Preciado

VODEVIL

Escribir
porque alguien olvidó gritar
y hay un espacio blanco
ahora, que lo habita.

CHANTAL MAILLARD

escribir

prender la luz
de una carpa raída
creer que no hay herrumbre
en los rugidos
tras los barrotes
saber que no
nos querrán
aunque vengan a vernos

escribir

trazar el cerco
con sangre nómada
que excede
                    los renglones
y contagia el futuro
de espejismos
en la carretera
palpar las lindes
de la noche
abrir camino
aunque haya afuera

más noche
lamer las letras
de sal
        lamer
el sucio testamento
que nos escribe
los ojos
            que osaron
                        mirar

escribir

rasgar
        la luna
que pintan ellas
—¿qué pintamos nosotras?—
pintar
        nuestras paredes
de algún color
—de todos los colores—
salir salir salir
                    a gatas
seguir el rastro
del arcoíris
que deshizo la lluvia
mirar atrás
sin mástiles ni sogas
escuchar esos cantos
y sus verdades

nombrar nuestro deseo
el banquete
que siempre nos borró
otra nave
dormida entre sargazos
otro nido
de helechos y de musgo
besar las garras

escribir

mirar atrás
con ojos en la nuca
soñar un sol
que bañe el pie
en la sombra
lanzar la estrella
hacerla arder
en nuestras manos
mirar atrás
cuando nos plazca
y no morir de amor
dos cuerpos
o más
cuerpos
muchos
cuerpos
rodando
como rocas
pesadas

por la abrupta ladera de la Historia
saber que nadie
nos volverá a empujar
                    ladera arriba

escribir

resistir la tormenta
que dobla nuestras alas
y ciega nuestros ojos
si miramos atrás
                mirar atrás
no olvidar el ayer
infestado de cuerpos invertidos
que sangran y decoran
sin ser beatificados
rociar sal
        ¡sal!
            en las estatuas
batir las alas nuevas
con el viento de antaño
dejar de huir
no tolerar más
                vuestra tolerancia
sentirnos deseadas
sin ser vuestros fetiches
mirar al frente
con los ojos torcidos
                    ver la luz

escribir

mirar
fijamente los ojos
                              del horror
inventar un afuera
                              dentro
de vuestras jaulas
leer el porvenir
con ropa de mujer
y letras azarosas
                              insondables
como el polvo en penumbra
de alguna caravana
venir al circo
                    que llegó
                                        sin avisar
sin padres prácticos
ni tirones de orejas
solo algodón de azúcar
                                        palomitas
y unos ojos redondos
que prenden magia
al menos esta noche

escribir

urdir la gran mentira
sobrevivir

BURLESQUE

Una y otra vez el chirriar de los trapecios
una y otra vez.

Leopoldo María Panero

DE PROFUNDIS

For us there is only one season.

Oscar Wilde

sed cantos de este templo circular
donde sueñan aún
las bicicletas
sombras efervescentes
huecos sin cobijo en la luz
la más precisa piel

salid del pozo oscuro
y su larga estación sin divisiones
de alcantarillas
que nunca iluminaron las estrellas

venid a vuestro templo
de rotundos antojos
lamed la sangre derramada
sobre un altar sin cirios
                                        ingerid
los ciempiés que recorren
en círculos las palmas de las manos
habitad la penumbra de este cerco

teñid de rojo
la palabra gastada
probad la fruta de este árbol
todos los árboles del mundo
y todos los jardines
soñad los libros
que ardieron tantas veces

                                                  sed

payasos de una carpa
de ensueño
y corazones rotos
el círculo trazado
al final
            de la lengua
la piedra oscura
que palpita en el pecho
antes del alba

                  sed
de verdad

CUPPA

somos hijos del frío
cuando llegamos a un país que no
nos nombra

solo suenan las fieras consonantes
de un idioma plomizo, tintinean
cristales afilados
la lengua madre
con sus letras de piel
que ya no abrigan

en la ciudad donde los libros nunca
duermen no habrá lugar para vosotros
que aprendisteis la vida sin renglones

aquí tan solo hay frío
el papel arrugado
que sostienes en tus dedos de escarcha
aquí ladrillos
rojos, paraguas que no os salvarán
de esta lluvia
que suena diferente
que os moja silenciosa
os moja

aquí, ahora
pues no ha venido nadie
a recogeros
solo ladrillos
rojos, muchos ladrillos, mucha
gente de piedra

college, *college*, dices
con acento extranjero en la ciudad
de infinitos colegios, tus palabras
mojadas antes de salir
de la boca
              otra vez
la mirada del conductor, la misma
mirada en otros ojos, muchos ojos
mucho frío
              bus stop
nadie os espera

en la ciudad donde las togas nunca
duermen no habrá lugar para vosotros
que venís del jardín de las manzanas

él guarda con su vida las maletas
      dentro el jamón envasado al vacío
      aquel olor a pueblo que viajó con vosotros
tú entras en el pub
      desecha ya la permanente

debes pedir
usar
el idioma que nunca
aprendiste
señalas a un señor con su taza de té
—*¡té, té!*—
te vas directa al baño
en busca de otra lluvia
que suene como siempre

afuera las maletas

en la ciudad donde las nubes nunca
duermen no habrá lugar para vosotros
que venís del brasero y de la infancia

somos hijos del frío
incluso bajo el sol

aún busco los versos
en mi maleta
que os salven de esta lluvia
y os devuelvan a casa

GENDER BUTTONS

el cambio ya está aquí   no valdrán las monedas

son los brazos más largos
    son grandes los objetos tan pequeños
        son nidos de avestruces en la sombra
            son sombras transparentes sin esquinas

        cuéntame un cuento
            hasta sangrar

        muerde blandos botones
            quema el chili en los labios

se alargan tantas sombras por el techo
    y tantas camas invertidas
        tantas
            rosas
                cuelgan
                    rosas
                        dime
                            hasta
                        cuándo
                    una
                rosa
            es

murciélagos
dragones
tortillas
triángulos negros
bajo la almohada

muerdes botones con saña animal
desabrochas el traje
y el deseo

DENTRO DE MÍ LOS MUERTOS

Inside us the dead,
like sweet-honeyed tamarind pods
that will burst in tomorrow's sun.
ALBERT WENDT

dentro de mí los muertos
las horas coaguladas en la sangre
de algún nombre sin vida
todos los nombres
apilados en un rincón del lienzo
manchas de tinta
                    salpicando
de estrellas todos
los ojos de mis manos, todos
los nombres que refulgen en los dientes

dentro de mí los muertos
que no murieron nunca
las almas fustigadas y prendidas
en las cruces del dorso de los cuadros
pues no nos salva
el hijo que heredó
la grandeza del padre

no nos salva y nos deja
a oscuras a este lado de la Historia

dentro de mí los pies
que aún se agitan entre espasmos
la hermandad de este mundo
invertido, esta tierra
de nadie, ser o no
ser, el monstruo que pulsa
tras el retrato
hasta que un día resuciten
todos los nombres
para alojarse dentro
de vosotros

*SÍ*LENCIO

escribir c(a)ra(c)t*eres*
~~borrarlos~~
+++ más de*dos* +++
escribir

tac tac

no vuelven
a ser los mismos
caract*¿eres?*

*dan*zan silencios
en la pan*talla*

no hay reto(r)*no*
no funci*on*a el *ctrl z*
(des)hacer el pa*sado* (re)hacerlo
cortar pegar
las albinas *es*tepas de *me*moria robada
no hay comando que ordene
+++ no   hay +++
teclas que invoquen
blancos *sí*lencios

tac tac

tipp-ex (*type x*) en la pant*alla*

xxx xxx xxx

return

cursor a la *si*guiente
línea al sigui*ente*
*pár*rafo sin *eje*cuciones sin
*tabula*dores sin
sangra*dos*

tac tac

solo larg*os*   *e*spaci*os*
larg*os* vací*os*   llen*os*
de blanco ru*ido*

tac tac

[romper corchetes   ]]]][[[[
{prender las llaves
de todos los paréntesis   }}}}{{{{
pulsar espacio
ESCape
habitar el espacio
salir adentro

pintar de blanco
•• tanto vacío ••
pintar de blanco
>> nuestro futuro <<
pintar de blanco
^^ vuestros ojos ^^

PENTECOSTÉS

mamá
anoche te encontré
en mis sueños
tan viva como siempre

las dos supimos dónde
estaba el circo
de nuestra infancia
nuestros miedos, las fieras
de nadie

y te abracé
hablaste
en todos los idiomas
cuando heriste mi carne
con lenguas
de fuego

descubrimos que aquí
las damas se ahogaron
muchas veces
en profundos acuarios
que nadie

CORPUS CHRISTI

papá
anoche te encontré
en mis sueños
callado como siempre

los dos supimos dónde
estaba el beso
lejos de tablas
y de leyes, en tierra
de nadie

y te abracé
dejaste
de ser un fantasma
cuando ungiste mi carne
con lenguas
de piel

descubrimos que allí
los hombres tropezaron
muchas veces
sin gallos ni carneros
que nadie

rescató a nadie
que jamás hubo
una red

te invité a imaginar
otra historia, otro niño
sin sonrisas pintadas
tan espesa la noche
cruel y grumosa

¿desde cuándo
estás
muerta?

las dos supimos dónde
estamos
quizá por eso
ardió la llama oscura

creó a nadie
que jamás hubo
costillas

te invité a hundir
los dedos en la llaga
y hurgaste en mi costado
tan espesa la sangre
sucia y grumosa

¿desde cuándo
estás
muerto?

los dos supimos dónde
estamos
quizá por eso
tú también me abrazaste

MISE EN ABYME

es hora de dormir

la lluvia
tras el cristal
la misma noche

un hombre
ha perdido la cuenta
de las pastillas

un hombre mira
un joven mueve el brazo
salpicado de lluvia

un hombre llora
un joven busca
                    amor
en su cuerpo

un hombre sueña
con abrir la ventana
llamar a gritos
a un joven
                cualquiera

y darle
amor
mientras quede
la noche
mientras los brazos sigan
batiendo
solos

ESTE CERCO

Humpty Dumpty
estaba roto antes
de caer

celebramos la grieta
chupamos sus entrañas

aquí escondemos
en los armarios
portales a otros mundos

nadie vence a las brujas
nadie vence el invierno
que hicisteis frío

aquí no hay
anillos de poder
razas buenas o malas
mapas trazados

en nuestro cerco
no habrá hoja
de ruta

aquí no hay muros
aquí todo es posible

inventaremos nombres
cazaremos los vuestros

TEATRO DE SOMBRAS

Si veis un hombre distinto,
matadlo.

JUAN RAMÓN JIMÉNEZ

TESELAS

I

Si non aurea sunt iuvenum simulacra per aedes
lampadas igniferas manibus retinentia dextris,
lumina nocturnis epulis ut suppeditentur.

LUCRECIO. *De rerum natura* II, 24

somos vuestras lucernas
encendemos la noche
para vosotros
que llegáis al banquete
    en manada

somos doradas sombras
que colmamos de luz
vuestros hocicos
eternas esculturas
angelicales

nunca sabréis
que perdimos
    todos los dedos
portando tanta luz

—que tuvimos incluso
    corazón—
y solo escucharéis
    el tintineo
de nuestra piel
aunque estemos perdidos
en el oscuro valle
y sigáis dentro
    de nosotros
libando eternamente
    nuestra luz

II

Si est dolor sicut dolor meus.
Lamentaciones, 1:12

1

somos las sombras de tu historia
        una abstracción
de cuerpos apilados en la orilla
        de tu miedo
el eco de un dolor que aún
susurra a tus espaldas

2

me lanzan dos encapuchados
—una estatua no puede
bailar—pero yo hago
piruetas
            a veces
los ángeles
no tienen alas
                    su hoguera
prende el asfalto
en la caída

—y vuestros ojos
ciegos

3

me cuelgan de una soga
chorrean entre espasmos
mis pies
y bailan, bailan
unos segundos
en el aire
y luego cesan, cesan
parecen quietos
pero siguen bailando
y te persiguen
eternamente
aunque entornes
los ojos

4

signas mi torso
con un triángulo
rosa que late más
que el corazón
tulle mi carne
una letra escarlata
y me hiere este idioma
experimenta
conmigo, con nosotros

nos mutila
sin saber cuántos cuerpos
invertidos
sin estadísticas
cuántos kilos de carne
sin nombre
solo una forma geométrica
descolorida
y aquel ángel de Fráncfort
con heces de palomas

5

aquella noche
alzamos
un muro
de las lamentaciones

cesó la música
nos llevaron al baño
palparon nuestro sexo

aplausos
poses y risas
saludos militares

no hemos pagado
a los agentes
—¡paguémosles!—
que vuelen las monedas

y las pelucas
que vuelen
los muros de piedra
salgamos a la calle
con nuestra danza
incendiemos la pista
mientras cantan sirenas
a lo lejos

we shall overcome

viviremos en paz
¿algún día?

6

arden hoy nuestras hojas
degeneradas
no es esto
un libro
soy yo
lo que sostienes
en tus manos
—¿quién te sostiene a ti?—
las letras encarnadas
de una historia silente
—muchas historias—
salto a tus brazos
desde estas páginas
que ya no existen

y aún palpita
en mí el deseo
en estantes
vacíos
que iluminan la plaza
hundiendo sus raíces
en el infierno

7

somos las sombras
de una abstracción
todos los nombres
en vuestra mente
fantasmas
de carne y hueso
que bailan sin cesar
en vuestra fiesta

III

Carnis resurrectionem.

Credo de los Apóstoles

cómo me amabas
        cómo gritaste

quisiste ver mi rostro
tras la mortaja
pero no fuiste tú
quien me trajo
        de vuelta

tal vez por eso
        llorabas
porque atesoro
el secreto que nadie
        conoce
porque mi espíritu
echó raíces
        brevemente
en otro mundo

pero yo quiero
esta carne

que desnudo ante ti
y lloras
y temes
lo que sé
aseguras que estaba
muerto
—lo dicen todos
lo juran todos—
temes
tocar
mi cuerpo podrido
a pesar de que estoy
más vivo que nunca
—que antes
de conocerte—

yo quiero
esta carne
tan sumamente sola
tan llena de
conocimiento
tantas las sombras
tantos los cuerpos
que caen sobre
ti
te aplasta
el peso de la duda
mientras lamo
tus párpados cerrados

y escuchas
el ruido de unas alas

entonces
    descubres
que solo has sido
    un sueño

FENÓMENOS
(*FREAK SHOW*)

No soy un marica disfrazado de poeta.

Pedro Lemebel

EL ORIGEN DE LAS ESPECIES

somos estrellas
sin rastro
      en la caída
sin un dios que abrazar
ni parientes primates
engaños o gruñidos

somos estrellas húmedas
un cielo alterno
      bajo el mar
cuerpos sin luz
      y sin razón
que incendiamos los ojos
ocultos en los dedos

somos estrellas
sin rumbo
corazones de sal
que engendramos la vida
cuando nos rompe
      el cuchillo
y nuestras larvas
se aferran fuertemente
      a los peñascos

somos una milicia
de estrellas
sin obispos ni conjeturas
sin sueños de manzanas
sin un juicio final
        que nos maldiga

SOMOS CUERPOS OPACOS

A clean and sober temp
le where no one comes t
o worship.
BONNIE HANCELL

S

omos cuerpos opacos
carne en llamas sin luz
estigmas en las m
anos que sangran desde ay
er sudor blanco y visc
oso que lamen lenguas
de fuego gotas
que mojan nuestr
a carne con un olor
amarillo que g
ira sobre el humus
pardo de lo que fuimos s
omos cuerpos infam
es sin coronas de espinas s
omos templos sin pr
eces con muchos ojos ci
egos que anhelan el a

brazo templos sobrios y pulcr
os que solo pisar
á el agua

MI INFANCIA SON RECUERDOS

un niño tiene sueños
en los zapatos
no tiemblan ya las pesadillas

un niño canta

no soy un héroe
no atesoré dragones
no deseé crecer tantas edades
no mastiqué todos los años
no fui vuestra fortuna
no quise a alguien que me
hirió
no atrapé sueños en el
dormitorio
no revestí de negro las
cenizas
nunca fui sombra

el día acaba de empezar
y seguiré esperando
al niño de mis sueños

un niño tiene agujas
en los bolsillos
no tiemblan ya las mariposas

un niño calla

no soy un padre
no atesoré muñecas
no deseé matar tantas
hormigas
no mastiqué palabras sucias
no fui vuestra pelota
no quise a quien no me lloró
no atrapé peces en el
dormitorio
no revestí de blanco las
siluetas
nunca fui luz

el día empieza a terminar
y seguiré esperando
al niño sin agujas

(NO) SER

A Idea Vilariño y Yolanda Castaño

nunca estaré contigo
cuando escondas tu herida
persiguiendo una historia de princesas
no te protegeré de los insultos
ni besaré tu rostro
ni templaré tus suspiros
nunca estaré a tu lado
cuando me necesites

no cazaremos juntos mil luciérnagas
ni atraparemos su luz en botes de cristal
no te podré decir no tengas miedo
todo irá bien algún día
no sabrás que yo sé que no sabremos
cómo, por qué
no viviremos a la vez
no serás más que tú para siempre

y tú nunca sabrás quién soy
cómo sería amarme
no me verás besar al príncipe de tus sueños
ni anhelar el abrazo

que no te di
nunca

no saldrás del ayer
no me verás feliz

ÉRASE UNA VEZ

y las brujas bailamos una vez
en nuestra cueva, animales aullando
en su guarida, hipnóticos conjuros
de letras inventadas y de fuego
que avivó aquel alcohol, aquella música
tribal de los ancestros que jamás
tuvimos, reemplazados por las luces
de neón y el gas turbio del festejo

ardimos una a una en las hogueras
con el fuego del cuerpo, con el humo
de colores y purpurina, el humo
que cegó a quien no quiso contemplar
nuestro aquelarre, a quien no quiso ver
nuestro deseo, a quien no quiso abrir
la puerta de un futuro por crear

entonces habitasteis nuestra cueva
rociando con zotal nuestros deseos
mojando las hogueras de la pista
borrando las pisadas de los pies
desnudos que danzaron bajo el ritmo
síncrono de pulsiones animales

no será nunca vuestro este lugar
arderemos por siempre en nuestras llamas

PUZLES LÍQUIDOS

Parece que rezuman un agua antes oculta.
Trinidad Gan

¿dónde encajamos
en vuestro puzle?

los bordes cortan nuestros cuerpos
con letras-guillotina
y sangran
los miembros amputados
en este poliamor
que una mano sin busto
zurce con puntos de sutura

queréis acallar
nuestro deseo
silenciar los aullidos
de nuestras camas
dormir a los leones
de colmillos lijados
cubrir la sangre
con rojas lonas
y músicas horrísonas

pero ya es nuestro el circo
las piezas líquidas
de este puzle sin lindes
miembros
                en éxtasis
y contracciones musculares
una corriente
        de sombras
                que anegan
                        vuestro tablero

                        ¿dónde encajáis
                                        vosotros
en nuestro puzle?

NO HAY RESPUESTA

N

o hay respuesta el pec
(h)ado se disuelve en mi b
oca un cuerpo márt
ir deja un tenaz re
gusto en este cuerpo m
ío que sangra entre parén
tesis tan lacerado como
el tuyo pero a m
í nadie me implora na
die hará resu
citar estos miembros cos
idos por siempre desahucia
dos nadie verá ja
más el milagro que fui
y seré eterna
mente vuestra interrogaci
ón vuestro juguete r
oto vuestra senda tor
sida que en el juicio fin
al pedirá por vosotros

CAJA NEGRA

se ha estrellado el avión
    no buscará
nadie estos cuerpos

pero algún día
hallará alguien
la caja negra
y magullada
    y seremos
todos los amantes
que entraron
en ti

    entonces
apilaremos
saberes
de tantos años
haciendo
el amor a escondidas
—la caja, el cuarto
    oscuro
el avión de colores
que volaba tan alto—

nadie almacenará
la información
en un lugar seguro
nadie recordará
    la caja
el residuo biológico
de tantos cuerpos negros
tan convenientemente
    reciclados

se ha estrellado el avión
    no buscará
nadie estos cuerpos
pero algún día
habrá un ciclón
    a plena luz
un saturnal de vientos
y de gritos de arcilla

UNA GOTA

The ocean is calling me home.
Sidnead Overbye

el origen es siempre
una gota
un temblor
en los párpados

desciende
por mi rostro
cuello pezones
ombligo
la gota destilada
rodará
monte
abajo
un séquito de gotas
volverán algún día
a la tierra

desciende
con vigor
cada vez más colmado este torrente

arrastra piedras que no
volverán
a subir
la colina
arrastra mil palabras que cortaron tu cuerpo
las anega
resurgen puras

siente el agua
escucha su lenguaje
plic
plic *ploc*
ploc
escucha sus susurros
y secretos
cómo abraza la tierra
y el mar que la aguarda
escucha los acordes de estas aguas
que redimen tu cuerpo
entonces
volverás
a ser
el río
que siempre fuiste

EXTRAVAGANZA

Escribir

para hallar la paz
después de haber hablado
con los muertos.

Chantal Maillard

ARDED

Me habéis dejado el suelo lleno de ideas hermosas.
No hay forma de limpiarlas.
Rosa Berbel

la fiesta nunca acaba   a este lado del cerco
aquí somos   las sombras   que habitarán la noche
brillantes recipientes   de un tiempo embotellado

que ulula en el cristal   aquí inventamos lenguas
que invocan húmedos   hechizos en la nuca
secretas confesiones en la espalda   aquí

robamos   pócimas de ancestros   que bendecimos
con alcohol mitigando   el embrujo
de nuestra sed   nosotras hoy maldeciremos

y habrá una luna nueva   en vuestra noche
vacía   no veréis   ninguna luna
es nuestra   desde abajo

su piel proscrita   lamiendo la negrura
de agujeros prohibidos   la luz
siempre negra   que alumbra y nutre

aquí danzamos   fuera   de las jaulas
en torno a la marmita   llamaradas oscuras
burbujas y pronombres en la sopa de letras

uníos a este rito   del amor
¿podéis oler el humo   antes del fuego?
¿podéis oír los cánticos   al final de la noche?

protestas con orgullo   *somos sí somos*

cuerpos fulgentes que gritan que sueñan que lamen que arden que lloran que estallan cuerpos siempre torcidos plumas que son cuchillos y escupen tinta negra sobre el cuerpo que se torna canción invertidos deseos que arrancaron el látigo del dueño rugiendo con más fuerza que nunca rompiendo crucifijos masticando cabezas de ajo mordiendo cuellos contagiando de amor y de lujuria los miedos heredados

somos sí somos

aquí no hay nada que limpiar
aquí nada es sagrado   ¿o tal vez sí?
aquí dos es un número maldito

a veces   aquí habrá fiesta aunque no quede nada
tan solo cuerpos   sin etiquetas
la lengua que no nombra   solo araña

con hilos pegajosos   y teje redes

que aguardan el descenso de algún funambulista
danzando sin cerrar los ojos

aquí cuándo es un verbo un lugar
donde vuela el futuro en círculos concéntricos
que nosotras trazamos sobre un eje común

que sigue ardiendo sin llama
ardemos eso es el presente girar sin pausa
prendernos con las llamas del pasado

ardemos en gerundio también infinitivo
somos fogatas lumbres negras
cuerpos que bailan aunque un día la música se apague

y elijamos trazar el cerco
con la sangre de quienes ya no están
celebrando el maleficio

somos sí somos
hoy por fin confesamos

hoy también es un verbo caminad
sobre cristales rotos sobre brasas oscuras

es vuestro el fuego
arded

ÍNDICE

VODEVIL

BURLESQUE

TEATRO DE SOMBRAS

FENÓMENOS (*FREAK SHOW*)

EXTRAVAGANZA

Esta primera edición de *Oxford Circus*
se acabó de imprimir en Madrid
el 7 de noviembre de 2025,
día del fallecimiento de
Leonardo Cohen en
Los Ángeles,
9 años antes.